Happy
Birthday!

Sockey

Horst P. Benesch
Stolpersteine auf dem Weg

Horst P. Benesch

STOLPERSTEINE AUF DEM WEG

Kaleidoskop-Splitter

Werkstatt-Reihe

© 2000 Nimrod-Literaturverlag
Elisabethstraße 52, D-85716 Unterschleißheim
Tel.: 0 89 / 3 10 11 42
Satz und Gestaltung: BeneschDTP, München
Umschlaggestaltung: Doris Benesch, München
Umschlagzeichnung: Horst P. Benesch
Zeichnungen: Doris und Horst P. Benesch
1. Auflage
Das Buch erscheint in der Werkstatt-Reihe Nimrod

Dieses Buch wurde auf chlorfrei gebleichtem Papier gedruckt

Printed in Germany

Alle Abdrucksrechte bleiben beim Autor

ISBN 3-934904-01-7

Doris und Sona
Curt und Rosmarie

MENSCH

Er blickt vor sich
        hinter sich
        um sich
        … und sieht nichts

Er blickt in sich hinein
        … Stolpern

LEBENSLAUF

Ei gelegt
Schale gesprungen
in die Freiheit
geschlüpft
Leben gelebt
Auftrag ge-/mißlungen

ZEIT-LOSE

Lose der Zeit
unbekümmert gezogen
hoffen
streben
irren
im Labyrinth
der Begierden

Die Zeit
verrinnt
gefüllt
das Stundenglas
vergilbt
das Los
im Dunkel
des Vergessens

ÜBERRASCHUNG

Klamm-
heimlich
wurd's
mir
in die
Hand
gedrückt

… mein Leben

PERLENSCHNUR

Aufgereiht
wie auf
einer Perlenschnur
stehen wir
in der Reihe
der Wartenden
und wissen weder
worauf
wir warten
noch wie
wir in diese Reihe
gekommen sind

ANPASSUNG

Unter der Käseglocke
versammelt sich
die gesamte Mannschaft
und atmet
den Mief
der Jahrtausende

Keiner wagt es
den Deckel zu heben
denn er
wird ausgestoßen

EITELKEIT (ILLUSION I)

Pfauen-Gehabe
stolz geschwellte Brust
Fanfaren
im Posaunen-Klang
schwelgen
im Phantasia-Land

Pfffttt –
ein Stich ins Gefieder
die Luft entweicht
mit dumpfem Ton
die Hülle sinkt
in sich zusammen

Was bleibt
ist öde Leere
allenthalben nur

SCHATTENLEBEN

Der andere
ist's, der …

auf den
anderen
der Blick
sich richtet

die eigene
Kreatur
am anderen
sich erhebt

– ein Schattenleben

IRRUNGEN UND WIRRUNGEN I

Treibt sie's nun
oder treibt sie's nicht?
Wo sind die Spuren
die zur Antwort weisen?

Der Kopf ist schwer
der Kreis
er wird zur Quadratur
Gefühle-Wallung
Horrortrip
komplettes Durcheinander

Ich sah sie doch
in and'ren Fängen
engumschlungen sie
die doch meine ist

Mich töten
aus dem Leben
stille schleichen
oder gleich
mit Paukenschlag?

Nein! Ich werd's ihr geben
schimpfen, streiten, strafen …
oder geh ich einfach fort
auf Nimmerwiedersehen?

Wo führt die Reise hin?
Jeder Weg mich
in die Irre führt

Liebe ist zerstoben
Vertrauen
für immer zerstört

Der Stachel sitzt gar tief
die Wunde klafft
ein Messer steckt
in meiner Brust

Ich möchte schrei'n ...
die Augen
sind weit aufgerissen ...
Oh, ich lieg' im Bett
in Schweiß gebadet

Ein Alptraum nur
der mich gepackt
ein böser Geist
ein Scharlatan
der seinen Spaß
mit meiner Seele trieb

Ich blick' zur Seit'
gleich neben mir
da liegt sie ja!

... ich bin komplett verwirrt
ja schier verlor'n:
Welcher Alptraum
ist der wahre nur?

SITZUNGEN

Es sitzt
der Hut
das Kleid
die Frisur
das Mieder
und selbst
das Gebiß:
es sitzt

Es sitzt
der Beamte
der Häftling
das Huhn auf dem Ei
der Vogel im Nest
der Schüler
bleibt gar sitzen

Es sitzt sogar
das Fenster
die Tapete
das Dach auf dem Haus …

Der Sitz jedoch
er bleibt
stets stehen

IRREN IST MENSCHLICH I

Homo sapiens
dem die Schöpfung
etwas gab
auf daß er's
oben trage

Er glaubt
es sei *die* Krone
doch sieht er nie
sein wahres Bild

Einen Scherz
hat die Natur
mit ihm getrieben
gab ihm eine
Narrenkappe nur

SINNESTÄUSCHUNGEN

Sehend
und doch blind
blind
und doch sehend

Hörend
und doch taub
taub
und doch hörend

SPIEGELBILD

Spieglein, Spieglein
an der Wand
was zeigst du
heut' an diesem Tage?

Stets sehe ich ein Bild in dir
es bleibt mir seltsam fremd
ein Gegenüber
das mir nie ein Lächeln schenkt!

Dieses Bild –
es *muß* noch besser
noch vollkommner sein!
Bin kaum zufrieden
was ich seh'

Rouge und Farbenpinsel
Cremes und Wattebäusche
Töpfchen neben Töpfchen
hier ein Tupfer
dort ein Strich

Tuben, Gels und Schäume
Kamm und Bürsten
Haarentferner
fremde Düfte überall

Straffen
Peelen
Zupfen
Kuren
eine Bräunung
muß gar her
Ritual in
steter Wiederkehr

Spieglein, Spieglein
an der Wand
willst gar so kritisch sein
und mir nicht schmeicheln
Kann ich je
vor dir besteh'n?

MACHT (ILLUSION II)

Macht
du leere Hülse
armer Geist
der nach
dieser Droge greift
sie füllt nicht auf
was sie verheißt
ein Kleidungsstück
das nur erscheinen läßt

Doch dann erschallt
das letzte Wort:
»Nun laß' die Hosen runter!«
Das Kleid, es fällt
nackte Kreatur
sich zeigt im Elend
zitternd und schwach
die Hände gänzlich leer

Die Macht
sie wirkt nicht mehr

AUF ABWEGEN

Citius
Altius
Fortius

Es gibt
viele Wege
menschlicher
Be(s)tätigung

IRRUNGEN UND WIRRUNGEN II

Ich will
ihn beißen,
kratzen ihn
der's mit andern treibt
will ihn quälen
ihn bis zur Zornesröte
ja gar Ohnmacht reizen
ich schneid's ihm ab
dies Ding der eitlen Wonne
wenn er so selig
von der andern träumt
oder ihm die Supp'
versalzen mit Arsen
soll dies Ungetüm
elendiglich
zugrunde geh'n

Aber lohnt sich wirklich
diese Mühe?
Schlaffe Haut
Fäßchen-Bauch
Genörgle und Gemurre
Atemmief und Chefgehabe
feiger Ritter
ohne Frucht
mit vielem Makel

Ich laß ihn zahlen
seine Liebesreisen mir
werde nicht mehr
Landeplatz
für seine Sorgen spielen
werde selber Reisen machen
die ins Land
der Liebe führen

EGOTRIPS

Dort –
es ist so weit
was geht's mich an

hier –
ist meine Welt
wo alles zählt

Ich hab'
was ich so brauch'
und schaffe mir
mein' eig'nen Bauch

SCHAUSPIEL

Vorhang auf
das Spiel beginnt
Akteure und Komparsen
Schein und Spiegelfechterei
Wortgeplänkel
Maskerade und Kostüm

Regisseure ziehen
ungesehen ihre Fäden
das Publikum
es johlt und klatscht
läßt sich's wohl gefallen

Jeder ist an seinem Platz

HALTBARKEIT (ILLUSION III)

Viagra
Turbolader
Manneskraft
Potenzgehabe
Das Männchen
bläst sich auf
zeigt sein Gefieder

Push-up
silikongespritzt
aufgedonnert und bemalt
Das Weibchen lockt
zeigt ihre falschen Reize

Der Rausch
sehr schnell verfliegt
die Kraft
von dannen zieht
die Zeit bei jedem
ihre Furchen bricht

Da gibt es kein Entrinnen
denn Natur ist's
die ihr Spielchen spielt
sie wird in jedem
Fall gewinnen

PANZERUNG

Panzerplatten
Trutzburg der Gefühle
Lebensretter
in kindlicher Not
Schutzweste
im Lebensboot
das durch die Stürme treibt
zur zweiten Haut
bist du geworden
die Wege nach draußen
sind verbaut
in stiller See

DA-SEIN

Ich war hier
an diesem Ort
davon künden
meine Spuren
die ich hinterlassen:
leere Flaschen
Zigarettenkippen
Dosen und Papier

Ich war hier
Forscher werden's danken
meine Spur
Beweis
für die Kultur
die wir Menschen
uns geschaffen

Ich war hier
und hab' gezeigt
ich kann auch
der Schöpfer sein
und mich ganz nah
an Gottes Stuhle rücken

IRREN IST MENSCHLICH II

Ich liebte sie
und dachte
sie liebt *mich* auch

– ein Irrtum

Ich dachte
ich liebe sie
doch ich liebte
sie nicht

– auch ein Irrtum

ABENDLIED

Die Lichter gehen an
die Arbeit ist getan
ein Bierchen
aus dem Kühlschrank nun
die Blicke
auf dem Tie-Vie ruh'n –
so läßt man sich's
zum Wohle sein
und hievt sich dann
ins Bett hinein
träumt vom Leben
ohne Sorgen
doch schon naht
der nächste Morgen
der all diesen
Spuk vertreibt
und ganz andere
Geschichten schreibt

ES

Sieht er ES?
Er sieht ES nicht!
Sieht sie ES?
Sie sieht ES auch nicht!

Wer sieht ES überhaupt?

SCHUHE

I
Du stehst
neben deinen
Schuhen
weil ICH
in deinen
stehe

II
Du stehst
neben deinen
Schuhen
weil DU
dich nicht
in deine
wagst

III
Überhaupt:
Du stehst
neben deinen
Schuhen
weil DU
sie ausgezogen
hast

FortSchritt

fort …
nur fort …
egal wohin
… nur fort
an einen
andern Ort

muß
in
Bewegung
bleiben

fort …
nur fort …
egal
ob vor
ob rück
… nur fort
an einen
andern Ort

FUTTERNEID

Der Pfeil, er trifft
galliger Geschmack im Wesen
Gift, das in die Zellen dringt
der Blick wird trüb
überall nur Schattengeister
Flüsterstimmen im Gehör

Nichts ist mehr
wie es noch
vor kurzem war
dumpfes Donnergrollen
dringt von ferne her

Das Blut wird siedend heiß
ein Schicksalsschlag
so zentnerschwer
er auf der Seele lastet
es gibt nun
keine Ruhe mehr!

Oh, nein
das darf nicht sein
der and're hat's
was ich nicht habe
und was ich nun begehr'!

MOMENTAUFNAHME

Ich möcht' ihn
an mich drücken
ihn ergreifen ...

doch wie ein
flücht'ger, scheuer Geist
ist er mir
bereits entronnen

QUO VADIS?

Quo vadis
Zeit?

Ich laufe
immer
schneller
und dennoch
läufst du
mir
davon

SUCHE I

Wer suchet
der findet
sagt man

Wer aber
sucht?
Und der »Sucher«
… will er
auch finden?

VERZÖGERUNG

Auf dem
Weg
Baustellen
überall
garniert
mit
zahllosen
Umleitungen

GLAUBE I

In der Enge
der Unwissenheit
drängt sich
das Menschengeschlecht
um die Verkünder
und Propheten
hängt
an deren Lippen
und saugt
in sich
das Opium
des Glaubens

IRREN IST MENSCHLICH III

Aus dem
Lexikon
erfährt
man
nichts
über
das Leben

STANDPUNKT I

Ob hier
oder dort
oder da
stehend
ist
einerlei –
Hauptsache
stehend

STANDPUNKT II

Es steht da
es steht da
es steht da
es steht da
es steht da ...

es ist umgefallen

MUTPROBE

Das Tor
direkt davor
den Schlüssel
in der Hand ...

hat sich
abgewandt

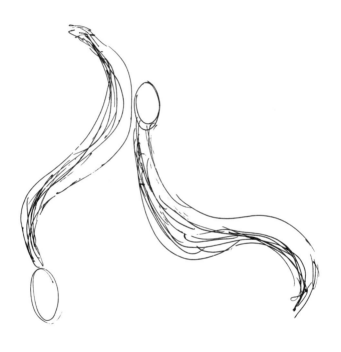

WENDEZEIT

Eine Seite
andere Seite

wer wendet schon?

INTERPUNKTION

Wie ein
Fragezeichen
hängt
der Mensch
in der Luft
und
wartet darauf
ein Ausrufezeichen
zu werden

PERSPEKTIVE

Oben ist unten
unten oben
ein oben Unten
Untenoben
ein linkes Rechts
Rechtslinks
helles Dunkel
Dunkelhell
klingende Stille
stiller Klang

MAUER

Mauer
soweit
das
Auge
reicht

Und doch:
ein
Schritt
nach
vorne
nur ...

sie weicht!

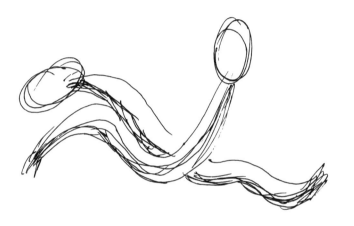

GLAUBE II

Glaube glaubt:
in lauten Tönen
denkt's »darüber«

Wissen weiß:
im Stillen
lebt es
jeden Tag

Krückstock
das eine
Erlösung
das andere

SUCHE II

Alle
suchten
IHN

Da
hat
er
sich
davon-
gemacht

EinBlick

Zwei Punkte
glänzendes Schwarz
in unendlicher Tiefe
Eingang zur einer Welt
zu der meist
der Blick verstellt

Wissende Ahnung
keimt
vergess'ne Sehnsucht
aufersteht
ferne seinsschwangere
Gestaden rufen
in lockendem Sirenen-Klang

Offene Weite überall
tönende Stille
einladend
wissend
abwehrlos

Ein Wimpernschlag-Moment
der alles ändern könnt'
Doch kehrt zurück
des Alltags Dämon
mit Getös und Hasten
und verlangt Tribut

Wieder Treibgut
in so fremder Welt
Staub erneut
wie ein Schlagbaum
auf die Ahnung fällt

GLAUBE III

»Ich glaube«
– Kapitulation
»Ich weiß«
– Offenbarung

WORTE

Unbedachte Worte
    – nicht gedacht
inhaltsschwere Worte
    – viel zerdacht
in narzißtischen Endlosschleifen
sintflutartig and're Seelen greifen
leere Monologe
die nach außen dringen
ohne Widerhall
im Nichts verklingen

Worte aus der Stille
    – frei vom Denken
Widerhall wortloser Orte
Häfen, die uns Zuflucht schenken
Worte, die
auf leichten Schwingen
das Herz zum Singen bringen
nährend auf die Seelen gleiten
und den Weg bereiten

WANN DANN?

Wir Meister
des Dann
glauben
an das Irgendwann
und vergessen
daß unsere Zeit bemessen
denn schon morgen
wartet die Wende
mit dem
unumkehrbaren Ende

Jetzt ist der Moment
der keinen Aufschub kennt!

VERGEBENS

Viel Lärm
um nichts
wo das
Nichts
doch die
Stille
braucht

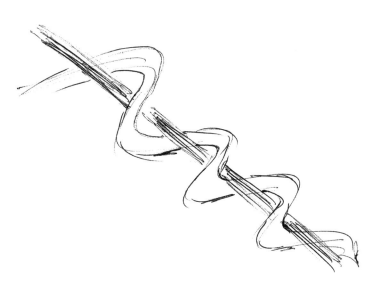

GERADLINIG

Die ungerade Gerade
verbiegt sich
zur geraden Ungeraden
geradewegs
zum Ziel

DIE FRAGE

Sein oder
Nicht-Sein:
es stellt
sich nicht
die Frage –

es lebt
einfach
nur

LANDUNG

Wer springt
landet auch
wer geht
kommt auch an

– irgendwo irgendwann

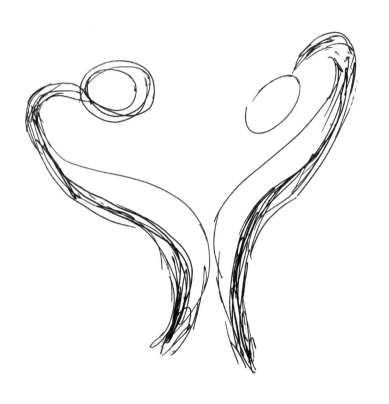

STIMMUNGSBILD

Im Morgengrauen
wenn die
ersten Sonnenstrahlen
vom Aufbruch
künden
heben sich die
Schleier der Nacht
die auf
die Seelen
ihre Schatten
werfen

BILDER

Gleich
bunten
Blasen
steigen
Bilder
aus
dem
Meer
des
Unsterblichen
und
färben
den
Himmel
der
Sterblichen

ZIELGERADE

Das Ziel
erweist sich
als zur Gerade
gewordenen
Hoffnung

BEGEGNUNG

Sie sah ihn
dann sah er sie
Worte zerfielen
ins Nichts
Atem stockten
Bewegung verharrte
die Zeit
blieb steh'n
zwei Seelen schwebten ...

und trafen sich

... tanzend umschlungen
erkannten sie

STILLE

In
der
Stille
der
Nicht-
Gedanken
öffnet
sich
die
Welt
der
Sprach-
losen

ZEITLOS

Frei von Zeit
und Begrenzung
erfüllt
von der Weite
des endlosen Moments
schwerelos gleitend
durch den
raumlosen Äther
im wiegenden Pulsschlag
des ewigen Seins

ERWACHEN

Die Augen weiten sich
Licht dringt ein
und läßt die Pforten bersten
Mauern fallen
Dunkelheit weicht
ein sanftes
weit entferntes Klingen
... vibrierendes Erwachen

Das Bild brilliert
in seiner Farbenpracht
Frühlingsluft streicht
durch die Fluren
stilles Glück
erfüllt das Sein

Die Seele erhebt sich
erbebt
im Angesicht des Wunders
ein Zelebrieren überall
ein Fest
der Freude und Ekstase
stummes Jubilieren

Daheim
daheim ...
angekommen
nach langer Wanderschaft
... wieder daheim

Der Kreis
ist geschlossen

INHALT

Mensch	7
Lebenslauf	9
Zeit-Lose	11
Überraschung	13
Perlenschnur	15
Anpassung	17
Eitelkeit (Illusion I)	19
Schattenleben	21
Irrungen und Wirrungen I	22
Sitzungen	25
Irren ist menschlich I	27
Sinnestäuschungen	29
Spiegelbild	30
Macht (Illusion II)	33
Auf Abwegen	35
Irrungen und Wirrungen II	36
Egotrips	39
Schauspiel	41
Haltbarkeit (Illusion III)	43
Panzerung	45
Da-Sein	47
Irren ist menschlich II	49
Abendlied	51
ES	53
Schuhe	55
FortSchritt	57
Futterneid	59
Momentaufnahme	61
Quo vadis?	63
Suche I	65
Verzögerung	67
Glaube I	69
Irren ist menschlich III	71

Standpunkt I	73
Standpunkt II	75
Mutprobe	77
Wendezeit	79
Interpunktion	81
Perspektive	83
Mauer	85
Glaube II	87
Suche II	89
EinBlick	90
Glaube III	93
Worte	95
Wann dann?	97
Vergebens	99
Geradlinig	101
Die Frage	103
Landung	105
Stimmungsbild	107
Bilder	109
Zielgerade	111
Begegnung	113
Stille	115
Zeitlos	117
Erwachen	118